DOMINA EL ARTE DEL STORYTELLING

Las claves para atraer y persuadir a través de una buena historia

Por Nicolas Martin

Traducido por Laura Bernal Martín

Coaching en50MINUTOS.es

EL *STORYTELLING*

- **¿Problemática?** ¿Cómo recurrir de forma eficaz al *storytelling*, esta técnica narrativa que está de moda?
- **¿Utilidad?** El *storytelling* se encuentra presente en todos los ámbitos. Por ello, es esencial comprender sus rudimentos y lograr dominar los mecanismos para utilizarlo en el momento oportuno.
- **¿Contexto profesional?** Búsqueda de empleo, presentación de un proyecto, comunicación de empresa, comercialización de un producto o de un servicio.
- **¿Preguntas frecuentes?**
  - ¿Para qué sirve el *storytelling*?
  - ¿Para qué se puede usar el *storytelling* en empresa?
  - ¿Cómo se construye una historia?
  - ¿Qué riesgos hay que tener en cuenta cuando pensamos en el *storytelling*?
  - ¿Qué hace que el *storytelling* sea eficaz?
  - ¿Dónde encontrar inspiración para crear un *storytelling*?

> «El storytelling es la gramática de la comunicación»[1]
> Sébastien Durand.

El *storytelling* o el arte de contar historias está lejos de ser una técnica de comunicación nacida estos últimos años, durante nuestra «era digital». Este «arte de concebir y de contar historias» ya existía en la Antigua Grecia, en la época de Homero (siglo VIII a.C.). Como individuos, somos y siem-

---

1. Cita traducida por 50Minutos.es

pre nos hemos mostrado muy sensibles a la información cuando esta nos llega a través de una historia.

¿Por qué motivo? Esencialmente porque una historia permite apelar a las emociones y llegar al individuo de una manera mucho más personal que un mensaje bajo cualquier otra forma.

Al final, ¿hay algo más eficaz que darle a un relato un poco de carácter y de personalidad con el fin de lograr un momento de atención en un entorno de hipercomunicación? En medio de esta excesiva abundancia de datos, puede ser difícil, por una parte, encontrar la información que buscamos y, por otra y sobre todo, comunicar de forma eficaz para que el mensaje tenga la oportunidad de ser escuchado.

Por ello, recurrir al *storytelling* puede marcar sustancialmente la diferencia, tanto a nivel personal como en el mundo profesional, siempre que dominemos sus claves principales. Se trata de un peligroso equilibrio entre la personalización y la banalización de tu mensaje, entre un método que se aplica y una «marca de fábrica» que hay que desarrollar. Pero, sobre todo, se trata de un proceso creativo, intelectual y colmado de sentido tanto para ti como para tu objetivo, por lo que nunca hay que despreciar la importancia de las emociones que tu mensaje genera. Sea en el marco de una búsqueda de empleo, de la presentación de un proyecto a tu cargo o de una nueva comunicación interna, que no te cuenten historias, ¡tu dominio del *storytelling* lo hará por ti!

EL ABECÉ DE UN BUEN *STORYTELLING*

EL *STORYTELLING*: ¿QUÉ ES?

Utilizado desde el principio de los tiempos, nacido con la propia humanidad, el *storytelling* tal como hoy lo conocemos se desarrolló, sin embargo, a mediados de los años 90 en los Estados Unidos. En el origen del *storytelling* moderno nos encontramos a Steve Denning (nacido en 1944), experto en comunicación y especialista en la materia, que reescribió su propia historia, por no decir su propia leyenda: la «Zambia Story».

> «En 1996, después de una exitosa trayectoria en la jerarquía del Banco Mundial, fui designado para el cargo de responsable director del programa Knowledge Management. Sin embargo, esta supuesta promoción me dejó al margen, y por aquel entonces tenía casi menos poder que el responsable de la cafetería... Intenté convencer a los directivos del Banco Mundial de la importancia del Knowledge Management, pero tanto mis colegas como los directivos hacían oídos sordos a mis argumentos. Después de haberlo intentado todo, acabé por recurrir, como última opción, a la historia de un agente sanitario de Zambia que encontró las respuestas a sus preguntas sobre el tratamiento de la malaria en la página web de los CDC (Centros para el Control y la Prevención de Enfermedades) del Departamento de Salud de los Estados Unidos: al utilizar esta anécdota logré demostrar la importancia del programa Knowledge Management y hacer que valoraran el papel que podría desempeñar el Banco Mundial en este ámbito».

Según él, en nuestras sociedades modernas la comunicación clásica ha llegado a su límite, lo que explica la total indiferencia que muestra el público hacia la mayor parte de los mensajes que ve y que recibe cada día. Más concretamente, Denning critica la tradicional trilogía del discurso persuasivo:

- enunciación de un problema;
- análisis del problema;
- preconización de una solución adaptada.

Presenta una trilogía de comunicación más acorde con la manera actual de ver las cosas, y en la que se basa el *storytelling*. Esta se apoya en los siguientes elementos:

- captar la atención del público objetivo;
- incitarle al cambio;
- convencerle mediante el empleo de argumentos razonados.

Actualmente, el término «storytelling» se ha impuesto no solo en el mundo de la gestión, sino también en el de la política y en muchos otros ámbitos. Esta técnica de narración implica la creación o re-creación de una historia basada en hechos o acontecimientos ficticios o reales. Poco importa su forma si cuenta hechos basados en una realidad o en una realidad adaptada.

Por lo tanto, el principal objetivo del *storytelling* es transmitir, atraer y persuadir gracias a una comunicación que concilia información y emoción, razón y pasión. En este enfoque, es primordial tanto la voluntad de darle sentido al vínculo que se va a crear con el destinatario del mensaje como la de conseguir que a este le apetezca formar parte de esa «bonita historia». Porque, al final, ¿acaso hay algo más importante en la comunicación, ya sea a nivel profesional o personal, que lograr llegar a tu interlocutor de forma que retenga sin mucho esfuerzo el mensaje transmitido?

TIPOLOGÍAS

El *storytelling* es una técnica comunicativa muy eficaz porque toca el plano afectivo. No obstante, para crear y poner en marcha un *storytelling* es necesario tener en cuenta su ámbito de aplicación. Aunque en toda historia existen elementos indispensables, algunos sectores, como el empresarial, tienen exigencias distintas.

A pesar de que las empresas no paran de escenificar una aparente variedad de historias, Sébastien Durand, consultor de referencia en comunicación y *storytelling*, las ha reagrupado en siete tipologías distintas, esquematizadas bajo la forma de un calendario semanal.

DÍA	PALABRAS CLAVE	ACCIONES	EXPLICACIÓN
Lunes (día de Diana, diosa de la luna)	Labores	Vencer los prejuicios y ser reconocido por lo que vales	Al igual que la Luna, que solo brilla indirectamente gracias a la luz del Sol, a algunas empresas les cuesta tener visibilidad, sobre todo a aquellas que trabajan en ámbitos complejos, que no son muy atractivos o en el B2B. Tienen que trabajar duro para poder destacar su valor añadido.
Martes (día de Marte, dios de la guerra)	Conquistas	Desvivirse por una conquista y adaptarse con agilidad	Otras empresas se desviven con el objetivo de erigirse líder en su sector. Por ello, están en constante competición con sus competidores y apuestan por la flexibilidad y la innovación para conquistar su mercado.
Miércoles (día de Mercurio, dios del comercio)	Tranquilidad	Inspirar confianza y mostrarse próximo con los clientes	Por su parte, otras aspiran a convertirse en el producto o servicio preferido por sus clientes inspirando confianza en ellos. En su comunicación, les dan prioridad. Por tanto, estas empresas trabajarán sobre todo en su lado familiar, por ejemplo. Pero cuidado, porque la confianza y la proximidad se ganan con dificultad y se pierden fácilmente. Por ello, la tipología del miércoles está buscando constantemente un consenso entre la necesidad de comercializar y la de tranquilizar a sus clientes.

DÍA	PALABRAS CLAVE	ACCIONES	EXPLICACIÓN
Jueves (día de Júpiter, rey de los dioses)	Poder	Ser poderoso y mantener el poder	Es la tipología de las grandes empresas, como las multinacionales o las grandes instituciones. Conviene a las marcas cuyo poder les hace líderes incontestables y les da la oportunidad de hacer que los clientes se acerquen a la marca en vez de ser ellas las que se colocan a su nivel para atraerlos.
Viernes (día de Venus, diosa de la belleza)	Amor	Ser más bello y suscitar deseo	Las empresas de la moda y de la cosmética, o incluso ciertas marcas de café o de smartphones tienen como leitmotiv hacer un mundo más bello y más joven. Por ello, su objetivo principal será suscitar deseo por sus productos o servicios haciendo soñar a sus clientes.

DÍA	PALABRAS CLAVE	ACCIONES	EXPLICACIÓN
Sábado (día de Saturno, dios de todos los excesos)	Sensualidad	Liberar los sentidos y dejar de imponerse límites	Algunas empresas tienen por objetivo un público particular en detrimento del resto, como en el marketing étnico u homosexual, por ejemplo. Entonces, se hace hincapié en la originalidad, la especificidad del cliente, la superación de uno mismo o la liberación de los sentidos.
Domingo (día de Apolo, dios del Sol)	Conocimiento	Explicar y compartir el conocimiento	Finalmente, las empresas de edición, de prensa, y todas aquellas que se entregan a la misión de aportar conocimiento a los hombres buscan generalmente la admiración de sus clientes a través de su experiencia. No obstante, cuidado, porque las empresas a las que admiramos no siempre son aquellas que nos gustan...

Estos siete tipos de historias solo representan el «marco narrativo», es decir, una base, un punto de partida en la construcción de un *storytelling* relacionado con una empresa. Tras determinar qué tipología aplicar, el modelo del *storytelling* es más evidente y los elementos que lo conforman, como el protagonista, los obstáculos y las soluciones, son más fáciles de ubicar en el relato de forma coherente y, por tanto, eficaz.

ÁMBITOS DE APLICACIÓN

Además de en el mundo empresarial, el *storytelling* como técnica de comunicación se emplea en muchos otros sectores.

La comunicación

La comunicación designa la acción de difundir un mensaje. El *storytelling* es una técnica de comunicación, por lo que es evidente que este ámbito es el primer interesado. Es conveniente recordar la naturaleza transversal de la comunicación, que encontramos evidentemente en todos los ámbitos que mencionamos a continuación, así como su adaptación a todos los tipos de situaciones específicas que precisarán técnicas diferentes. Algunos ejemplos:

- comunicación institucional;
- comunicación interna;
- comunicación externa;
- comunicación de crisis;
- comunicación estratégica;

* comunicación política;
* comunicación empresarial;
* comunicación internacional;
* comunicación cultural.

Es necesario tener en cuenta que todos estos ámbitos están interconectados. Por ejemplo, es perfectamente posible aplicar el *storytelling* en el marco de la comunicación de crisis de una empresa internacional. En este caso se reúnen tres subdominios con exigencias propias; de ahí la importancia de conocer todos los parámetros que hay que considerar.

Debido a que su objetivo es ir más allá de la retórica descriptiva y lineal, el *storytelling* rompe con la comunicación tradicional, que se apoya en elementos externos, objetivos y conocidos. Este hace que la mente de las personas se dirija a situaciones que unen lo imaginario con lo vivido, lo particular con lo global, el subconsciente personal con el subconsciente colectivo. El *storytelling*, por tanto, apela a la subjetividad de los interlocutores a partir de la subjetividad del locutor: los mensajes se conciben en torno a este principio fundamental. Se trata de ocupar una función relacional y no solamente de intentar influir en los comportamientos.

El marketing

Al igual que la comunicación, el marketing es una rama relativamente transversal que se encuentra tanto en las empresas como en las instituciones. El *storytelling* diversifica y, sobre todo, actualiza los enfoques y las herramientas tradicionalmente empleadas en el sector.

La vida de las organizaciones

Las empresas son las que más se apoyan en la narración, ya sea para vender un nuevo producto o servicio, para comunicar nuevos valores o a nivel de gestión interna. El *storytelling* que utilizan las empresas ya no solo pretende lograr que se adquiera un producto o un servicio, sino que tiene como objetivo establecer una nueva relación, compartir una historia con el cliente.

La gestión y los recursos humanos

Estas dos especialidades desarrollan una relación particular con el *storytelling*, que les permite destacar lo humano. En gestión, suscita el interés y la cooperación de los equipos en desafíos o en proyectos, y en recursos humanos logra que los trabajadores se impliquen más en la empresa y en su historia.

PUNTO PARA EL CANDIDATO

En el plano personal, en el marco de la búsqueda de empleo, puede ser interesante crear una narración sensata de tu trayectoria profesional para ofrecer una imagen más fuerte en una entrevista. Este proceso requiere una reflexión que lleva tiempo. De hecho, es necesario encontrar vínculos entre tu formación, tus actividades y tus experiencias profesionales, y demostrar coherencia entre todos estos elementos a través de una historia en la que eres el protagonista. Esta se basará, por tanto, en hechos concretos, pero lo importante será, sobre todo, el hilo conductor y la forma en la que cuentas tu trayectoria. También podrás exponer este *storytelling* en el apartado «Extracto» de tu cuenta de LinkedIn para que tenga una visibilidad óptima.

La política

En política, el *storytelling* es muy corriente, pero también muy controvertido. Aunque permite favorecer la dimensión humana y simbólica de una sociedad, a menudo se utiliza con objetivos manipuladores y con intenciones menos honestas. Si se emplea en el momento oportuno y apoyado en una experiencia común, permite crear una relación o incluso una cierta confianza propicia a dibujar una aventura colectiva. Esto puede, a su vez, redinamizar el ámbito de la política, generalmente marcado por imágenes negativas, y darle un soplo de aire fresco a la ciudadanía y a la expresión de la democracia.

Y muchos otros...

Por supuesto, existen otros ámbitos que han recurrido al *storytelling*, como la economía, la medicina, la psicología, el periodismo, la pedagogía, e incluso las ciencias sociales. Debido a que crea una nueva dinámica, se utiliza y se utilizará en muchos sectores, y más aún en esta nueva era digital en la que la cantidad de datos divulgados es cada vez mayor.

Finalmente, es necesario tener en mente que todos estos

campos de aplicación de la narración implican objetivos distintos –clientes, empleados, reclutadores, electores, etc.—, que hay que tener en cuenta durante la construcción del *storytelling*. Estas personas son las que recibirán tus mensajes y las que, a través de sus emociones, interpretarán tu historia.

LO ESENCIAL DEL *STORYTELLING*

Todo el mundo hace *storytelling*, intencionalmente o no. Por ello es útil ser capaz de detectar ciertos elementos indispensables en cualquier historia, independientemente del ámbito o del objetivo en cuestión. Estos elementos son los que hacen que esta técnica comunicativa sea eficaz y los que permiten crear una relación diferente con el destinatario del mensaje.

Condiciones previas

Comienza, lógicamente, definiendo el objetivo de tu *storytelling*, el «por qué lo cuento».

En el caso de una empresa, por ejemplo, será necesario destacar la razón de ser de la empresa, es decir, qué le aporta a la sociedad en general y de qué manera responde a las expectativas de sus clientes. Para ello, es necesario que conozcas bien tu público objetivo. Esto hará que te sea más fácil concebir la imagen que deseas transmitir, como la de una empresa experta en su ámbito, o cercana a la gente, divertida, moderna, etc. Después, haz una lista con los elementos susceptibles de convertirse en un relato, como el origen de la marca, su lado innovador, el/los lugar/es de producción, la figura mítica de su fundador, etc.

Ahora estás en posición de establecer un objetivo concreto en tu procedimiento, ya se trate de contar la historia de la marca, modernizar la imagen de una empresa histórica, darle vida a tus productos, reforzar la experiencia de la marca de cara a los clientes, demostrar que estás ahí y mantener tu presencia a largo plazo, etc.

Construcción inicial de la narración

Ahora pasaremos a la construcción de la narración propiamente dicha. Para empezar, toda historia necesita en general los siguientes siete elementos:

- uno o varios personajes. Para facilitar la construcción de tu relato, lo ideal es tener solo un protagonista;
- uno o varios lugares;
- una temporalidad continua o no (saltos al futuro y/o regresos al pasado);
- una trama;
- el punto de vista de un narrador (personaje o voz externa);
- un tono narrativo específico (formal, informal, humorístico, paródico, etc.);
- un sujeto o un tema que exprese el objetivo de tu *storytelling*, definido en el punto precedente.

EL TEMA DE LA HISTORIA

Una buena manera de crear un relato original e impactante consiste en dejar que el personaje se defina a sí mismo y definir la orientación de la historia mediante las decisiones que toma y las acciones que lleva a cabo. En suma, nunca te olvides del objetivo de tu narración —el «por qué lo cuento»—, dejando que el mensaje se forme solo a través de tu creatividad y a medida que la historia avanza. De hecho, es importante no encerrarse en un tema específico: podrías no lograr explotar adecuadamente los otros elementos y acabar produciendo un *storytelling* estéril. Con este método, el tema parece desprenderse de forma natural de los otros seis elementos.

Llegados a este punto, se trata de plantear estos elementos por separado, sin añadirles contenido. Por ejemplo, determinamos quién es el personaje, pero aún no reflexionamos sobre su carácter o sobre su comportamiento.

Además, existen tres tipos de historias:

- las historias basadas en experiencias personales;
- las historias tradicionales (sobre las que tendrás que trabajar a tu manera);
- las historias inventadas, a menudo fruto de la combinación de varios elementos sacados de experiencias personales.

Cuando la naturaleza de tu historia y sus elementos de base estén determinados, estarás listo para continuar construyendo tu *storytelling* de manera más detallada y creativa.

Desarrollo de la narración

Es preciso considerar varias etapas para poder avanzar en la construcción y en el montaje de tu historia trabajando sobre su contenido.

- Etapa n.º 1: determinar la búsqueda. Esta es la que te permitirá llamar la atención de tu público objetivo. Tu búsqueda estará en parte definida por la trama y por la tipología que hayas escogido. Puedes, por ejemplo, apoyarte en la tipología martes o sábado, definiendo así un reto centrado en la adquisición de algo u orientado a la liberación de los sentidos y a la superación de ciertos límites.
- Etapa n.º 2: caracterizar al/los personaje/s. En este punto le das vida a tu/s personaje/s. Si has decidido que tu relato contará con varios protagonistas, preocúpate de que cada uno tenga una personalidad, un comportamiento o una característica física propia que permita distinguirlo de otros. No te olvides de que un protagonista también puede ser una cosa personificada, como tu trayectoria en el caso de que hayas recurrido al *storytelling* a nivel personal, o un valor, un Estado, una regla, etc.
- Etapa n.º 3: definir al antagonista, es decir, el elemento que va a ponerle obstáculos a tu personaje. Puede ser otro personaje, una situación, un objeto, una necesidad, etc. Son muchos los elementos, que puede que ya tengas más o menos en mente, que pueden oponerse a tu personaje. Tómate el tiempo necesario para trabajar bien en tu antagonista, ya que, sin él, el relato estará desprovisto de obstáculos y dejará de ser interesante.
- Etapa n.º 4: crear las peripecias, que se derivan lógicamente del antagonista definido anteriormente. El

personaje principal vive varios acontecimientos que le llevan a sentir diferentes sentimientos (felicidad, tristeza, angustia, etc.), pero que no le impiden avanzar.

- Etapa n.º 5: resolver la crisis y culminar la búsqueda. Cuando se ha alcanzado la tensión máxima, es esencial que haya un elemento que desenrede el nudo que se ha creado a lo largo de la historia. Por supuesto, este elemento no puede surgir de repente de la nada. ¡La coherencia es primordial! Además, la historia no puede terminar mal, ya que el objetivo del *storytelling* es divulgar contenido positivo sobre ti y tu organización.
- Etapa n.º 6: reactivar la historia. Esta etapa es característica del *storytelling*. Las historias de películas o libros pueden acabar en la etapa 5, pero tu relato no debe terminar con la culminación de la búsqueda. Los destinatarios de tu historia, es decir, tu público objetivo, deben poder adueñarse de la historia y transmitírsela a otras personas. Una buena historia es aquella que apetece contar a los demás.
- Etapa n.º 7: parecerse a la realidad. Finalmente, es importante relacionar la historia con la persona que la ha contado: un político, una asociación, una marca, un individuo, etc. Sin esta asociación, es muy probable que tu historia, a pesar del impacto que haya podido tener sobre tus destinatarios, se olvide rápidamente.

Ahora la trama de tu narración está lista, y debe facilitar la construcción y el ensamblaje de los diversos elementos. Ya estás más cerca de tu objetivo. No obstante, aún faltan algunos «ingredientes» importantes para que tu *storytelling* tenga éxito.

Must have

Para que un *storytelling* no se quede en un simple relato debe contar con algunos elementos adicionales. Estos son cuatro elementos que deben aparecer imperativamente en tu narración:

* un inicio atrayente. La manera de comenzar una historia, al igual que la forma de terminarla, es determinante para que el *storytelling* sea eficaz. Tienes numerosas maneras de iniciar tu relato, siendo una de ellas el tradicional «Érase una vez...». Esta manera de entrar en materia es sin duda tentadora, pero intenta no abusar de ella. No obstante, no se debe prohibir y puede incluso aportar originalidad al utilizarla en un contexto diferente al de los cuentos, como para una historia en el ámbito de la gestión. Además de esta célebre fórmula, podemos empezar el relato con «Imagine...», «Recuerdo...», «Un día...», «Siempre he...», «Quién no ha...», etc. Tú eres el encargado de demostrar originalidad;

TRUCO DE PREPARACIÓN

Trabaja primero en la parte más grande de tu *storytelling* para no bloquearte en esta fase. Cuando hayas determinado lo esencial de tu narración, te será más fácil encontrar un inicio atrayente y probar varias posibilidades en función de tu historia.

* emociones. En el *storytelling* prima la emoción. Lo

subjetivo, lo afectivo, las sensaciones. Esto es lo que lo diferencia fundamentalmente de la comunicación llamada clásica. Un mensaje es eficaz en la medida en que es creíble y en que el público al que se dirige está listo para darle credibilidad. Esta credibilidad se logra a partir de las emociones que se suscitan. Por tanto, mantén a tu público objetivo en el centro de la construcción de tu historia. La mente de estas personas es, de alguna forma, la red en la que colgarás tu historia; pregúntate en todo momento cuáles serán sus reacciones. No obstante, procura no apostar únicamente por sus emociones, sin las que tu relato perdería su eficacia. Como casi siempre, se trata de encontrar el equilibrio justo;

- pasión. Esta se concibe como la «energía» esencial de un buen *storytelling*. Y la pasión de la que debes hablar no es tanto la tuya (empresa, política, tú mismo) como la de tu objetivo. Dado que tus narratarios son los receptores de la historia, esta debe transcribir su pasión (por un sector de actividades, un producto, un servicio, un valor, etc.) de manera sutil y astuta, para que puedan reconocerla. A menudo no eres más que una herramienta que sirve para que puedan vivir su pasión;

Sobra decir que el *storytelling* utilizado para fines personales, para plasmar tu trayectoria, dispone de un margen de maniobra más limitado. Por ello, será más difícil sacar a la luz este aspecto pasional o energético, pero no es imposible. Por ejemplo, puedes jugar con la pasión de tu reclutador (y, por tanto, de la empresa)

por perfiles como el tuyo, por unas cualidades personales que la empresa valora de forma particular o incluso
por unas destrezas que solo esa empresa es capaz de
manejar.

- imágenes, representaciones. Los narratarios necesitan que se les estimule visualmente. Deben poder imaginarse la historia, visualizar cómo se desarrolla. ¿Cómo se pueden provocar esas representaciones visuales? Mediante detalles que les sean familiares, que les digan algo, que les evoquen situaciones o sensaciones ya vividas. Es primordial desencadenar estas imágenes en su mente: su imaginación se encargará del resto.

REVISIONES GLOBALES

Tu *storytelling* está listo. Ahora solo falta repasar los detalles y responder a algunas últimas preguntas antes de lanzarse a la difusión.

- ¿Tu *storytelling* es claro? ¿No solo para los destinatarios, sino también para ti? Si el público meta de tu relato debe apropiarse del mismo, es fundamental que antes tú te hayas apropiado de él. Contar una historia no es tan difícil, pero lograr dotarla de vida y de credibilidad, ¡eso ya es otra historia! Tendrás que dominarla por completo y manejarla con una flexibilidad incondicional.
- ¿Tu *storytelling* responde a un objetivo? A fuerza de sumergirnos en la construcción de la historia, podemos perder de vista el objetivo final que queremos alcanzar

a través de esta técnica. ¿Qué deseas obtener mediante este tipo de comunicación?

- ¿Tu *storytelling* sitúa a sus destinatarios en el centro de la historia? Plantéatelo, porque si la respuesta es negativa, vas directo al abismo. Sobre todo si tú (empresa, organización, político, producto, etc.) eres el protagonista principal del relato. Los narratarios no logran identificarse con la historia gracias a ti, sino al hecho de que esta habla de ellos.
- ¿Tu *storytelling* está adaptado a tu receptor? Ya se trate del estilo, de la naturaleza de la historia, de las peripecias o incluso del personaje, es necesario que los elementos le resulten familiares a tu público meta. Por ello, es esencial que sepas comprender quiénes son tus interlocutores y cuáles son sus preocupaciones. Si te das cuenta de que en la respuesta a esta pregunta te encuentras con zonas grises, dedícale tiempo a analizar la cuestión de nuevo y repasa por completo tu *storytelling* en función de este vector.
- ¿Apetece contarle tu *storytelling* a otras personas? Si es el caso, entonces es eficaz. El objetivo último es que tu historia suscite una reacción como: «Tengo que contárselo a alguien...».

DIFUSIÓN DEL *STORYTELLING*

Ahora es el momento de difundir tu *storytelling* y de dejar que se difunda. En este punto también hay que tener en cuenta varios elementos.

El objetivo hacia el que te diriges determinará en gran

forma tus canales de difusión, porque quieres llegar a él directamente. Pero sé consciente de que, actualmente, las interconexiones entre los medios de comunicación son cada vez más fuertes. Por consiguiente, puedes aprovecharte de ello y pensar directamente en los «transmedia», es decir, recurrir al uso combinado de varios medios de comunicación y desarrollar en cada uno de ellos un contenido diferente que enriquezca la historia, favoreciendo las capacidades de interacción en función de las especificidades de cada medio de comunicación.

Por consecuencia, tendrás que presentar tu *storytelling* en varios soportes para que esté adaptado a los diversos medios en los que lo difundirás. Te encuentras ante varias elecciones, como la creación de una plataforma que centralice y reenvíe la historia a todos los medios elegidos o el uso sucesivo de varios medios de comunicación que se turnen para contar la historia.

EJEMPLO DE CAMPAÑA TRANSMEDIA: ONLYLYON

La ciudad de Lyon se ha atrevido con un *storytelling* transmedia cuyo objetivo es descubrir Lyon y su gastronomía desde un nuevo ángulo. En este caso, el personaje central es un concepto, la Chef Factory. Se trata de una misteriosa y prestigiosa escuela que habría formado a los mejores chefs y que estaría en el origen de un gran número de secretos culinarios franceses. La trama se apoya, entonces, en elementos reales pero también en una parte de hechos ficticios.

Se puso en marcha un dispositivo transmedia a lo largo

de varios años, en diferentes medios y en distintas ciudades, tanto en Francia como en el extranjero. Los contenidos varían en función de los medios. Nos encontramos con:

- un vídeo para la televisión internacional así como para la web, disponible en una página web dedicada y en ciertos blogs, con el fin de transmitir la historia con sus datos generales;
- acciones de *street marketing* llevadas a cabo en diversas capitales extranjeras (Bruselas, Ginebra, Nueva York, etc.), como degustaciones, juegos o competiciones;
- una página oficial de la escuela en Facebook para que la historia esté viva en las redes sociales, sobre todo a través de las cuentas de algunos alumnos y profesores (Twitter, Tumblr, Instagram, etc.). Estos espacios de conversación tienen como objetivo resaltar las diferentes etapas de la campaña y establecer una relación directa con los amantes de la cocina;
- un *storymaking* para alimentar el *storytelling* de base, mediante un kit personalizado a disposición de los blogueros culinarios de distintos países para que puedan redactar brevemente su pasaje por la Chef Factory y contribuir de esta forma a mantener el mito;
- un grimorio, que es un elemento clave en el vídeo y en el *storytelling*, que será expuesto en el mercado Lyon Paul Bocuse, un verdadero templo de la gastronomía;
- algunos contenidos reservados a los más curiosos.

LOS MEJORES CONSEJOS

- El *storytelling* no cuenta tu historia, sino más bien una historia a tu servicio. Constituye, por tanto, una herramienta. Esta es LA regla de oro que tienes que respetar pase lo que pase.
- No hables constantemente de ti, sino más bien de tus interlocutores. Son ellos los que sostendrán la historia y justamente en eso se distingue el *storytelling* de otras técnicas de comunicación. Implícales en el relato lo máximo posible, porque lo que hace que la historia cobre vida es la interacción entre el narrador y los narratarios.
- Capta su atención y sorpréndeles, por supuesto, de manera controlada y razonable. Por ejemplo, una historia será más llamativa si está conectada con un momento clave para tus destinatarios: un hecho de actualidad, por ejemplo. Cuanto más capaz seas de captar su atención y de suscitar sorpresa, más aumentarán las posibilidades de que tu *storytelling* se difunda.
- Estimula su imaginación mediante metáforas, analogías y otras herramientas. Hay que suscitar representaciones visuales lo máximo posible.
- Ubica las emociones en el centro de tu *storytelling*, sin descuidar por completo la razón. La emoción es más que importante, es indispensable, y eso es lo que marca la diferencia con la comunicación tradicional. El destinatario del mensaje experimenta emociones que le guiarán de otra manera.
- Adapta tu *storytelling* en función del medio de comunicación elegido. No dudes en explotar su diversidad,

variando la longitud y el formato de tu relato. De esta forma le dotarás de más vida y fuerza.

- No le pongas límites a tu creatividad. Si sigues algunas etapas elementales con los ingredientes indispensables, la creatividad hará que tu *storytelling* sea original y garantizará su éxito.

- Dedícale todo el tiempo posible a la preparación, pero sobre todo a la manera en la que difundirás tu historia. Por ello, va a ser necesario repetirla una y otra vez hasta que te apropies de ella para que, más adelante, tu público meta pueda adueñarse de ella a su vez.

- Demuestra simplicidad, autenticidad y libertad para dejar que los destinatarios continúen construyendo la experiencia con su imaginación. Así que no intentes a todo precio hacer una buena publicidad o hacer que hablen de ti de forma general, arriesgándote a dejar completamente de lado lo que buscas alcanzar.

- Acepta que los destinatarios se adueñen de tu *storytelling*, que lo contradigan y lo manejen de otras formas, a riesgo de que lo reinterpreten. Sobre todo, no tienes que limitar la creatividad de tus interlocutores, de la misma forma que no tienes que limitar la tuya. Y, quién sabe si sin duda te proporcionarán material para continuar con tu lanzamiento creando una continuación coherente. Así, tu *storytelling* podrá perdurar en el tiempo y en la mente de las personas.

PREGUNTAS FRECUENTES

¿PARA QUÉ SIRVE EL *STORYTELLING*?

Existen diferentes tipos de historias con intenciones distintas:

- dotar de sentido;
- ganar visibilidad;
- mejorar o cambiar la imagen;
- tranquilizar;
- vender;
- fidelizar.

Estas intenciones, por supuesto, varían en función del ámbito en el que se utilice el *storytelling*. Es evidente que las empresas lo utilizarán muy a menudo para vender, pero no solo para eso. En el plano personal, puede que la intención sea darle sentido a tu trayectoria o tranquilizar(se) sobre la dirección elegida.

¿PARA QUÉ SE PUEDE USAR EL *STORYTELLING* EN EMPRESA?

Los usos del *storytelling* en empresa son muy numerosos, sobre todo después de la llegada de la Web 2.0, y tienden a ser los únicos citados como ejemplo, a pesar de que esta técnica se aplica en muchos otros ámbitos.

Las empresas recurren mucho al *storytelling* para:

- vender sus productos o servicios;
- comunicar su historia, su misión o sus valores;
- mejorar la comunicación en interno, sobre todo a través de los RR. HH.;
- redinamizar su estilo de gestión.

¿CÓMO SE CONSTRUYE UNA HISTORIA?

Cuando tenemos un objetivo concreto en mente, construir una historia no es tan difícil como parece. Hay que ser un poco creativo, pero sobre todo metódico y tener desde el principio una idea clara de la estructura de base de la historia. Una buena historia puede resumirse en: un protagonista, un reto, un problema, una solución, las consecuencias de la solución y una llamada a la acción.

Por otra parte, un buen *storytelling* le permite al narrador captar la atención de su público al compartir una búsqueda con él. A continuación, el narrador desarrolla su historia ubicando al/los protagonista/s, el/los antagonista/s, las peripecias y sus soluciones. Finalmente, el relato debe permitir, con su conclusión, extraer una lección que reactive la historia, y debe proponer una asociación lógica con el narrador para que este último esté bien vinculado a su *storytelling* en la mente de los destinatarios.

¿QUÉ RIESGOS HAY QUE TENER EN CUENTA CUANDO PENSAMOS EN EL *STORYTELLING*?

El principal riesgo es contar una historia por el mero hecho de contarla; es decir, crear un relato desprovisto de sentido y sin interés ni para ti ni para tu destinatario. Por ello, es primordial definir el objetivo de tu *storytelling* y mantenerte fiel al mismo.

Además, existen dos principales motivos relacionados con el fracaso de un *storytelling*:

- el relato no habla de los narratarios, sino del narrador;
- la historia está basada en la lógica y no en las emociones.

También es frecuente que:

- se le dé demasiada importancia a la transmisión del mensaje, lo que lleva a descuidar el aspecto «relato»;
- el vínculo entre la historia y el mensaje no sea lo suficientemente claro;
- la dimensión emocional haya sido mal gestionada, es decir, que no haya ninguna emoción o que, al contrario, haya demasiadas.

¿QUÉ HACE QUE EL *STORYTELLING* SEA EFICAZ?

La eficacia del *storytelling* en relación con otras técnicas de comunicación reside en su dimensión emocional y en su credibilidad. Los destinatarios se sentirán más conectados a la historia porque podrán adueñarse de ella y aplicarla a su propio caso.

Un ejemplo muy evocador de esta cuestión es la campaña de British Airways India llamada *A Ticket to Visit Mum*. En este vídeo de poco más de cinco minutos vemos a una madre, en la India, y a su hijo, expatriado desde hace varios años en los Estados Unidos. Cada uno expresa sus deseos: la primera quiere volver a ver a su hijo, el segundo regresar a su país natal, poder vivir momentos juntos.

Aunque en el video se menciona la compañía aérea, este no se centra en ella. No es más que un elemento en la historia de estas dos personas, el que construye la trama y permite la sorpresa. Al ver el video, las personas que vivan o que hayan vivido lejos de sus seres queridos no pueden evitar ponerse en la piel de sus protagonistas. Sienten de nuevo ciertas emociones y sin duda desearán compartir esas sensaciones con personas que les comprendan. La historia tiene una credibilidad absoluta, porque permite identificarse con ella y, por otra parte, apela a los sentimientos de su público meta. ¡Mucho más eficaz que un «Viaje con British Airways para celebrar la Navidad en familia»!

¿DÓNDE ENCONTRAR INSPIRACIÓN PARA CREAR UN *STORYTELLING*?

¿Te da miedo no ser lo suficientemente creativo o no tener inspiración suficiente como para lanzarte a la creación de un relato? Mira en tu interior y a tu alrededor.

- Comienza haciendo una lista con aquello que ya tengas en reserva: tus fortalezas, tus experiencias e incluso tus defectos. Aunque no constituyan un punto de partida para tu *storytelling*, pueden servir para activar tu creatividad.
- Observa lo que sucede a tu alrededor y lo que se hace. Investiga. Por supuesto, no copies por completo lo que encuentres, porque correrás el riesgo de obtener un efecto inverso al esperado. Sin embargo, obtén la inspiración de tu entorno y del de la persona a la que se dirige tu *storytelling*. Mezcla y coteja aquello que veas, hacerlo te permitirá tener una base para desencadenar el proceso creativo.

¡AHORA ES TU TURNO!

Crear un *storytelling* eficaz está ahora en tus manos. Tienes todos los medios para construir un relato coherente y susceptible de provocar emociones en tu destinatario. ¿Sigue habiendo zonas grises? Este es un resumen que permite conectar el narrador, la historia y el/los destinatario/s.

Narrador, historia y destinatarios

¡Buen trabajo!

¡Tu opinión nos interesa!
¡Deja un comentario en la página web de tu librería en línea,
y comparte tus favoritos en las redes sociales!

PARA IR MÁS ALLÁ

FUENTES BIBLIOGRÁFICAS

- Certon, Noémie. 2013. "Qu'estce qui fait l'efficacité du storytelling?". Cellie.fr. Consultado el 15 de diciembre de 2016. http://www.cellie.fr/2013/03/20/storytelling-numerique-marque/
- Dangel, Stéphane. 2014. Storytelling Minute. París: Eyrolles.
- Denning, Steve. 2000. *The Springboard: How Storytelling Ignites Action in Knowledge-Era Organizations.* Hartlands: KMCI Press.
- Durand, Sébastien. 2011. *Storytelling. Réenchantez votre communication.* París: Dunod.

www.en50Minutos.es

ISBN ebook: 9782806277589

ISBN papel: 9782806286048

Depósito legal: D/2016/12603/540

Libro realizado por <u>Primento</u>, el socio digital de los editores